Pascua

Julie Murray

Abdo
FIESTAS
Kids

abdopublishing.com

Published by Abdo Kids, a division of ABDO, PO Box 398166, Minneapolis, Minnesota 55439.
Copyright © 2019 by Abdo Consulting Group, Inc. International copyrights reserved in all countries.
No part of this book may be reproduced in any form without written permission from the publisher.

Printed in the United States of America, North Mankato, Minnesota.

052018

092018

THIS BOOK CONTAINS RECYCLED MATERIALS

Spanish Translators: Telma Frumholtz, Maria Puchol

Photo Credits: Glow Images, iStock, Shutterstock

Production Contributors: Teddy Borth, Jennie Forsberg, Grace Hansen

Design Contributors: Christina Doffing, Candice Keimig, Dorothy Toth

Library of Congress Control Number: 2018931574

Publisher's Cataloging-in-Publication Data

Names: Murray, Julie, author.

Title: Pascua / by Julie Murray.

Other title: Easter. Spanish

Description: Minneapolis, Minnesota : Abdo Kids, 2019. | Series: Fiestas | Includes online
    resources and index.

Identifiers: ISBN 9781532180040 (lib.bdg.) | ISBN 9781532180903 (ebook)

Subjects: LCSH: Easter--Juvenile literature. | Holidays, festivals, and celebrations--Juvenile
    literature. | Spanish language materials--Juvenile literature.

Classification: DDC 394.2667--dc23

Contenido

Pascua

La Pascua se identifica con el renacer. Se celebra en la primavera.

La primavera está llena de vida nueva. Las flores crecen. Nacen muchas crías de animales.

Los **cristianos** celebran
la Pascua. Creen en que
Jesús volvió de la muerte.

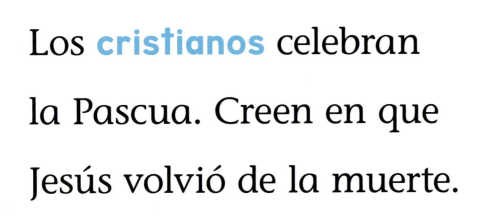

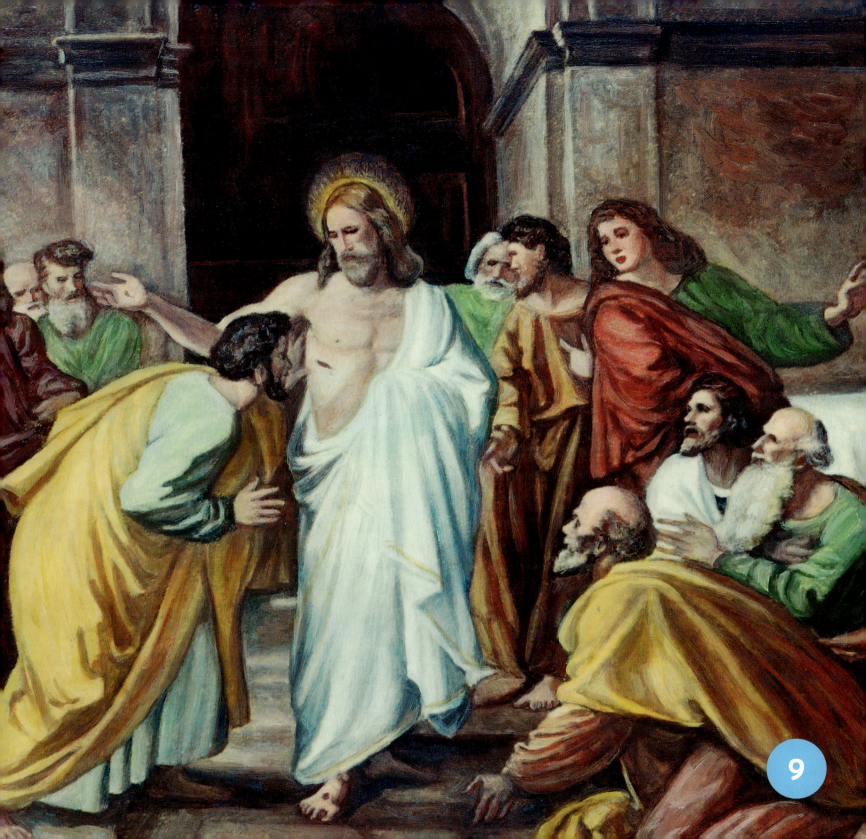

9

Max va a la iglesia para aprender acerca de Jesús.

Las familias se reúnen
y comparten una
comida **especial**.

Nan mira en su cesta. ¡Los huevos están llenos de dulces!

Jan pinta huevos. ¡Le gustan
los puntitos!

Cora encuentra un huevo.

Lo pone en su cesta.

¡A Tom le encanta la Pascua!

Cosas de Pascua

cesta de Pascua

conejito de Pascua

huevos de Pascua

Jesús

Glosario

cristiano
miembro de la iglesia cristiana que cree en Jesucristo y sigue sus palabras y enseñanzas.

especial
fuera de lo común.

Índice

Abdo Kids
ONLINE
FREE! ONLINE MULTIMEDIA RESOURCES

¡Visita nuestra página **abdokids.com** y usa este código para tener acceso a juegos, manualidades, videos y mucho más!

Código Abdo Kids:
HEK3933